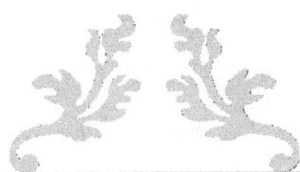

DEZ POETAS E EU

PRIMAVERA

31 DE JULHO DE 2017
BRASÍLIA
EDITOA DO CARMO

DEZ POETAS E EU

© Copyright by Dez Poetas e Eu - Primavera 2017
Arte da capa Evan do Carmo
Revisão Iranete Pontes

Dez Poetas e Eu – Primavera
138 p.
  1.   Literatura, poesia Brasil 1.

ISBN: 978-85-922871-9-1

Todos os direitos em língua portuguesa, no Brasil, reservados de acordo com a lei. Nenhuma parte deste livro pode ser reproduzida ou transmitida de qualquer forma ou por qualquer meio, incluindo fotocópia, gravação ou informação computadorizada, sem permissão por escrito do Autor.

Composto e impresso no Brasil

DEZ POETAS E EU

Dez poetas e Eu, um dos trabalhos que mais me deu prazer em sua execução.

Promover a poesia, com o apoio incondicional de dez grandes espíritos, poetas generosos e supra talentosos. Não posso, contudo, destacar um ou outro a despeito dos demais de igual valor.

Mas, o leitor atento saberá que alguns são velhos poetas, gigantes artífices, com larga experiência no ofício da poesia, ao passo que não será fácil mensurar o talento nato de alguns, que são jovens poetas, mas que revelam uma maturidade desconcertante em seus poemas, poemas que não devem nada aos grandes clássicos nacionais ou mundiais.

Digo, portanto, que poesia tem apenas uma alma. Uma alma que diante do espelho se revela única. É isto que define estes dez poetas, com quem tive a honra de compartilhar este projeto.

Ainda devo ressaltar que não farei um estudo sobre a poesia aqui impressa, pois acredito que a poesia é o vinho da existência humana, dela absorvemos o sumo licor da esperança e da beleza, que nos sustentam diante do caos no homem.

Evan do Carmo

DEZ POETAS
E EU

Dez poetas e Eu
Projeto criado pelo poeta
Evan do Carmo
em 2016

Sumário

José Carlos Boudoux 5

Auridea Moraes 16

Adel J.S) 29

Branco Almeida 41

Dilma França 52

Selma Melo 63

Iranete do Carmo 75

Flodoado Santos 90

Evan do Carmo 102

Patricia Pacheco 115

Emil de Castro 126

DEZ POETAS E EU

José Carlos Boudoux

José Carlos Boudoux nasceu em Recife, Pernambuco, em 10 de Junho de 1947.
Concluiu os cursos universitários de Engenharia Eletrica (1970), e Psicologia Clinica (1995).
Trabalhou como engenheiro na Companhia Hidrelétrica do São Francisco(CHESF) de 1971 à 1995.
Nesta função, teve oportunidade de conhecer todo o nordeste brasileiro, região árida que padece terrivelmente com o fenômeno da seca.
Após de aposentar da empresa de energia elétrica trabalhou como psicólogo clinico de 1995 à 2013.
Em 2003, recebeu o grau de Mestre em Psicologia Social e da Personalidade, outorgado pela Pontifícia Universidade Católica do Rio Grande do Sul.
Ao longo da vida escreveu poemas e contos, tendo como referência suas viagens e as histórias entreouvidas no contato com o povo nordestino.
Seus primeiros trabalhos foram publicados na Antologia " Sonhos de Natal " da editora Hórus, Almada, Portugal, primeira edição em dezembro de 2016.

A DIMENSÃO DA POESIA

Vivendo na solidão
Nesta semana vazia
Contra a angústia e a paixão
Lutando dia após dia
Uma nova dimensão
Meu coração adquiria
Renovando a emoção
Ia perdida a alegria,
Levando-me pela mão,
Mostrou-me o que eu já sabia:
O mal que faz a ilusão
E para quem tanto sofria
Trouxe paz ao coração,
A dimensão da Poesia.
Julho de 1994

José Carlos Boudoux

RECADO PARA LETÍCIA

Letícia nasceu morena
Muito bonita também
É minha filha pequena
Gostosa de querer bem
Hoje eu quase não a vejo
Sempre na escola ou no bar
Se eu quiser lhe dar um beijo
Uma fila vou enfrentar.
O tempo passa depressa,
Mas ela tem muita sorte
E vai levando sem pressa,
Aproveitando a idade
Tem a personalidade forte
E vai entrar na faculdade
Dezembro de 1994

José Carlos Boudoux

PASSADOS

Eu tenho muitos passados
Guardados dentro de mim
E já sonhei muitos sonhos
Em vidas que não tem fim
Já vivi muitos amores,
E as dores são sempre assim.
Pois a dor de amor não passa
Por mais que eu faça, ou desfaça
A lembrança do teu rosto
É um sofrimento diário
E neste mês de Agosto
Chuvoso, frio, inconstante
Um gesto que durou um instante,
Fez de mim um solitário.
Agosto de 1994

José Carlos Boudoux

MÁGICA

Com você sou aprendiz
De uma lição sem igual
Aquilo que não se diz
Nunca pode fazer mal
Isto sempre repetido
Até se saber de cor
Reforça nossa amizade
Alimenta um amor maior
É verdade minha cara
Que é preciso ter em mente
Que tudo que não se diz
Porém o outro pressente
Ou mesmo o que a gente diz
No instante em que se sente
Torna o coração feliz
E a mágica presente.

Junho de 1994

José Carlos Boudoux

DESENCONTRO

Eu ontem me senti triste,
Pelas ruas da cidade,
Sabendo que não existe,
De te encontrar nenhuma possibilidade.
Na chuva, gente correndo,
E carros, na escuridão,
Minha esperança morrendo,
Ao ver o tempo passando,
De te encontrar, coração.

Junho de 1994

José Carlos Boudoux

TEMPO DE PERDAS

Na vida as perdas surgem de repente,
E os sonhos, projetos, ideais, vão junto
E nos deixam a alma vazia
O olhar perdido, vontade de partir
Para aonde ?
Um tempo sem perdas, um lugar livre e ensolarado,
Um som de música e risos
Onde ninguém esteja só
Ou dividido, ou confuso.
O vazio da alma é como a própria morte.
Não, não é. Parece ser muito pior
Pois a morte é um estado insondável,
O lado escuro da vida, a face invisível da moeda.
A alegria desaparece, se transforma,
Vai para um outro sistema,
Outro mundo, outro tempo, outra forma.
O sentimento de perdas não traz esperança.
Parece bem mais definitivo que a morte.

Junho de 1994

José Carlos Boudoux

NATURALMENTE

Uma pessoa pode morrer para outra,
Mesmo que permaneça viva no mundo físico.
Basta que aquelas qualidades que a tornaram especial,
Não mais existam.
Que o coração não mais acelere
Com o perfume que nos lembra a amada
Ou uma recordação mais agradável
Não deixe nos olhos um brilho único,
Feito de saudade e ternura.
Fisicamente está viva,
Fala, anda, sorri.
Porém aquela voz não mais diferencia,
De outras vozes.
Aquele sorriso perdeu o poder,
De iluminar o dia.
E o andar não mais contém,
Implícitas promessas,
De encontros, carícias, espera e busca.
O mundo muda...
Os sentimentos, estes envelhecem naturalmente,
Assim como coisas, pessoas, e lugares
Que se transformam, abrem espaços para a vida
Como uma roda de moinho,
Ou como a grama, que cresce a cada dia
Traçam inexoráveis seus próprios caminhos.
Lentamente, sem pressa,
A vida desliza macio.
Deixando para trás as lembranças
Abandonando esperanças
Como bagagem inútil,
Que o náufrago abandona,
Para continuar a viver. Julho de 1994 -----------José Carlos Boudoux

TEMPO DE ESPERA

Como o tempo passa devagar,
Quando nada se tem a esperar!
Sonhos e ideais antigos foram embora,
A vida parece tão vazia agora!
Que os belos projetos, e esperanças frustradas,
Sejam esquecidos, e as emoções renovadas,
Tragam a cada dia um novo mistério,
Que não nos deixem levar a vida tão a sério
O mundo outrora colorido,
Parece agora um filme antigo, em preto e branco.
História conhecida, triste e sem sentido.
E a alegria nossa, encanto de cada dia,
Desapareceu, não traz mais calor,
Para esta vida tão fria.

Dezembro de 1994

José Carlos Boudoux

O CARTEIRO E O POETA

Ás vezes a mensagem,
Vem da vida,
E passa como aragem,
Não percebida,
Sutileza perdida,
Na viagem.
Outras vezes a vida,
Bate mais forte,
Toca a ferida,
Reabre o corte,
E é uma sorte,
Quando entendida.

Dezembro de 2016

José Carlos Boudoux

METAFISICA

Vida e morte, sem cessar
Combatem dentro de mim
Luta sem principio ou fim,
Que um dia vai me levar,
A conhecer o mistério,
Que existe atrás da porta.
Quando será, não importa.
Importa que eu leve a sério,
O que apenas pressinto,
Na sombra dos olhos teus:
A vida é um sonho lindo,
Entre dois sonos profundos:
Um que nos traz a este mundo,
Outro que nos leva a Deus.

Dezembro de 2016

José Carlos Boudoux

DEZ POETAS E EU

Auridea Moraes

Auridea Moraes nasceu em Castanhal no Estado do Pará, filha de Manoel Moreira da Silva e Rita Gomes da Silva, tem seis irmãos. Casada com Paulo César Brasil de Moraes e tem dois filhos: Rafael e Ramom da Silva. Em 2002 mudou-se para a cidade de Marabá-Pará, onde reside atualmente.

Aqui teve seu primeiro poema publicado, em 2016, na Antologia Mandala, que é organizada pelo poeta Airton Souza. Em 2017, começou suas primeiras publicações solo, "Amor em/in versos" sua primeira obra e "Um novo olhar" seu segundo livro, ainda nesse ano tornou membro da AESSP (Associação dos Escritores do Sul e Sudeste do Pará), fez várias participações em Antologias inclusive da Antologia AIC (Academia Internacional de Cultura), participou também do III Anuário da Poesia.

A primeira paixão pela leitura veio aos 14 anos, quando leu "A imaginária" e "A neblina" obras de Adalgisa Nery. Foi quando começou a rabiscar suas primeiras poesias, nas quais destaca sempre o amor, por acreditar ser esse o sentimento maior. Depois essa paixão se estendeu por romances diversos, levando-a a horizontes jamais alcançados por outros meios, permitindo-a assim viajar na própria imaginação. E afirma que depois da poesia se tornou realmente o que quer ser; um mundo onde tudo é possível através dos poemas.

Ama a literatura em si. Sua paixão pela diversidade de leituras é o que a move nesse mundo das artes.

A CHUVA

Nem tudo resiste a ela
Por mim, eu dançaria
Sempre sobre as poças d'água
Talvez seja um ritmo um
Pouco estranho, eu concordo
Porém, extravasando
A liberdade
Tudo se tornaria aceitado.

O vexame me regaria
O amor e a energia
Nas terras molhadas
Eu veria as flores se abrirem
Choraria os risos e
Encheria meus olhos de emoção.

E depois quando ela cessar
Sentiria o sol brilhante
E o espetáculo do arco-íris
Todos a contemplar.
Talvez achem tudo igual
Mas eu não penso assim,
Nem a terra,
Nem meu jardim.

Auridea Moraes

A HORA CHEGOU

A hora de você voltar chegou
Esperas longas
Não me fazem bem
É um desatino,
Um incômodo,
Uma agonia.

Talvez possamos nos ver
Te procurar, é o que meus
Olhos fazem no botão
Automático
Não te encontrar, tornou-se
Previsível.

É uma busca constante
Sem fim,
Sem fundamento,
Sem objetivo,
Sem razão.

E por falar em razão
Onde ela está que ainda
Não te esqueci?
É querer voltar ao passado
Tentar mudar um futuro
Já traçado.

Desencontros estão sendo
Nosso resumo.
Me digas ,vais voltar ou não?

Auridea Moraes

DEUS

Eu reconheço Deus
Na poesia da criação
No louvor e proteção
Nas águas que se lançam
Na imensidão do firmamento
Em cada pensamento
E a todo momento.
Eu reconheço Deus
Nos lagos e oceanos
Na fé do que acredita
No pobre que mendiga
Na sensibilidade do poeta
Em cada desejo ou meta
Na mente pacificada
Nas ideias a fluir
Na grandeza do amor
Nas verdades e nas lutas
No dia a dia
Em cada detalhe
E até que eu não me cale.

Auridea Moraes

MEUS DESEJOS

Seu olhar queima o meu
Então perco todo acesso
A parte lógica que
Está em algum lugar
Dentro de mim.

Talvez eu mesma a trancafiei
Com segundas intenções
Dou-me conta então da
Necessidade insana
De me entregar.

De te querer mais perto
Mais dentro de mim
Sofri de um lapso de
Bom senso, quem sabe
Uma crise de.....

Desejo?
Luxúria?
Perdi o juízo, mas não
O quero de volta
Ao menos....agora NÃO!

Auridea Moraes

UM NOVO RECOMEÇO

Quando cheguei aos 50
Achei que nada me surpreenderia
Que nessa altura do campeonato
Tudo tinha sido vivido
Engano meu.
Descobri um novo jeito
De amar o mesmo amor
Criei vontades absurdas
Desejos incontroláveis
Fantasias engraçadas
Outras curiosas
Tomei banho de chuva
Fiz um outro furo na orelha
Escrevi um livro
Fiquei ousada
Usei shortinhos
Tirei os pingos dos "is"
E optei por ser feliz
Aí surgiu o mistério
Do recomeço
E tudo renovou outra vez!

Auridea Moraes

NÃO QUERO METADES

Todos falam em metades
Em banda da laranja
Eu nunca pensei assim.
Não preciso de uma parte
E sim do TODO, do TUDO.
Eu sou livre
Assim como meus dias.
Não gosto de coisas
Predestinadas,
Dirigidas,
Combinadas,
Projetadas.
Gosto do desejo de sonhar,
Do fantasiar e
Do realizar.
Metades não me satisfazem
Não me apetecem
Nem me chamam atenção
O TODO sim,
Esse me fascina.

PREFERÊNCIAS

Penso em sanidade
E prefiro a loucura
Conscientizo-me da verdade
No entanto prefiro te omitir
Vestir-se é elegante
Mas prefiro me despir
Fazer planos é essencial
Mas prefiro conversas sem contexto
Todos querem ter
Eu prefiro ser sua
Diante de tanta modernidade
Prefiro a simplicidade
Traço uma linha reta
Mas prefiro andar opostamente
Datas comemorativas são boas
Mas prefiro pizza no dia a dia
Muitos vão ao analista
Eu prefiro uma taça de vinho
Muitos reclamam que a rosa
Tem espinhos
Prefiro reconhecer que o espinho
Tem a rosa
Prefiro tantas outras
Que não irei mencionar
Muitas vezes
É preferível calar.

Auridea Moraes

O QUE É MORRER?

Não me parece que morrer
Seja ir embora desse mundo
Porque muitos que ainda
Estão aqui,parecem já
Ter partido.
Morrer é não viver uma paixão
É não arriscar,não correr
Os riscos.
Morrer é não viajar,não dançar
Não sorrir.
Morrer é abandonar
O objetivo,não ter amigos,
Morrer é não imprimir
Os versos,não ver beleza na rima
É não olhar o rio,
Não reconhecer a arte
Não sentir saudade
Morrer é ser escravo
É perder a liberdade.

Auridea Moraes

SEM COMUNHÃO

Dois mundos
Totalmente desiguais
Que andam lado a lado
Cruzam-se,
Mas não há comunhão

É um aglomerado de seres humanos
De um lado os que ostentam
Do outro,os que nada têm.
Todos estão ocupados e
Mergulhados em propósitos pessoais

E,não ouvem o grito
Dos desvalidos
Não sei porque essa desigualdade
Se somos feitos
Da mesma matéria prima

Viemos todos
De um poesia sem rima
O preconceito é uma realidade
O que nos faz ficar sem identidade

Ainda existe um grupo
Que quer fazer o bem
Mas no desespero
De ser afetado.....
O medo os detém.

Auridea Moraes

AO AMADO

Estou lhe esperando
O tempo há de chegar
Na calma, na tranquilidade
Sem importar a idade
Vou focar a qualidade
Alicerçada na maturidade
Quando vier venha no silêncio
Fale somente com os olhos
Como sempre fez
Venha cheio de Deus
De propósitos e certezas
Estou à sua espera
Com o coração pulsando
E corpo em chamas.
Todos os dias ao despertar
Desenvolvo minha prece
E me apresso a lhe esperar.

Pelas caminhadas
Lhe perdi de vista
Mas meu caminho teima
Em me levar pela tua estrada
Deves ser meu destino
Sonho?
Delírio?
Quem sabe
É como morrer de amor e
Continuar vivendo
Exagero?
Palavras mal usadas?
Que sejam, mas elas representam
Minhas razões

Lembranças perdidas (eu estou lá)
Branco, apagão (eu estou lá)
Se não arraigada na sua memória
Então guardada no subconsciente
E isso não me conforma
No entanto me consola
Nessa luta que travo comigo mesma
Só tenho a opção
De render-me por amor.

Por tudo isso que lhe digo
Afirmo e repito
Estou lhe esperando.

Auridea Moraes

Adel J.S)

Adel José Silva, natural de Guarulhos, é formado em Letras e obteve título de Mestre pela Universidade de São Paulo (USP); formado em Pedagogia (UNINOVE) especialização em Gestão da educação a Distância pela Universidade Federal Fluminense (UFF).Especialização em Educação Social(Mackenzie).
Atua como contador de histórias, ilustrador, como professor de Língua Portuguesa na Rede Estadual e Municipal de São Paulo. É autor do livro de crítica literária O imigrante Judeu na obra de Erico Verissimo (Humanitas), além ter seus poemas publicados em ontologias poéticas, como Poetize 2016 (Virara), O mundo Visto pela Janela (All Print) e Poemas no Ônibus e no Trem (Editora da Cidade)m recentemente escreveu o livro de Poemas Desassossego (autografia). Em 2017 publico pela Editora Viseu a obra infantil: Cinco Meninas e um Jardim.

POEMA

Moratória da vida
é pedra selvagem
que o cérebro urbano
mastigado na cozinha da dúvida
é o estilhaço de aço,
crustáceo-onírico, caranguejando
a fome de lata que nos contamina
é o fio traçado na barriga de Thiamat
que por fim fia-nos no conflito aflito
respirando um ar dos confins, no qual confio
sabendo que a trama toda começa com o fio
é placa de dor sobre a moranga triste
caulificada na barriga de muitas mulheres consoantes
na fina fila de espera do mangue destino
e tudo confabula
para um samba no fim da avenida desse passear atoa

Adel J.S)

OS OUTSIDERS E OS ESTABELECIDOS

Não era uma alma perdida
Era uma alma fugida
Fugiu antes de encanação
Fugiu antes da encarnação
Fugiu antes da economia barata
Da obrigação dos corpos
Um dia o Criador exigiu uma definição,
de pronto veio o nascimento a fórceps,
Entrou no mundo com os pés e não pela cabeça
Cada pássaro voando foi um ano de espera
Cada sorriso dos estabelecidos se espelhava
o mundo estranho desenhado num cifrão norte americano
A alma desistia de entender o mérito e o crédito de tudo
Por isso fugia,
por isso planava por cima dos corpos
Mas na escola a professora gritava obediência a carnificação da vida
No trabalho o cartão de ponto pontificava a mais valia da carne
na Igreja o bispo amarrava a alma num crucifixo para ela não partir
afff, ela nunca foi gnóstica,
não era sua heresia
Por volta dos quarenta a alma fez as pazes com o corpo,
chegou até frequentar academia
permitia alguma penteada de cabelo no espelho
e longo banhos de sabonete de cheiro,

A alma concordava com Nietzsche sobre a beleza da Vida
Odiava o choramingo de Schopenhauer
Mas alma sempre fugia,
fugia com resistência
e resistia com a fome dos quem ama o sonho
No fundo, fundo ela sabia, para os corpos viria mesmo um juízo final,
Mas para almas capazes de sobre

a prisão torpe de um mundo em eterna azia,
Ela, transava com a Ideia, sempre que possível, outras Utopias

Adel J.S)

A PEDRA DO CONFLITO

Ando com a fome ampliada
vontade de mastigar o planeta,
cozinhado r na frigideira da hipérbole
Ando com a sede dos deuses
pelos corações alhures que me sejam liquido
beber com Drácula o sangue que jorra no pescoço
Ando por digerir montanhas e picos
querendo o amanhecer veloz no mais belo sorriso
sem nenhuma mácula de tédio urbano
E quando não ando, plaino, levito
sobre as pontiagudas pedras desse amanhecer tirano.

Adel J.S)

A PELADA DO DEUS MENINO

Adeus miúdo coração indeciso
decido que és miúdo em símbolos
Adeus coração tardio,
te entregarei a um Deus menino
para que ele te cubra de meia feminina
te aperte, te de um nó,
e te faça bola
para um pelada no campo da poeira levantada
que brinque contigo nas tarde de sol baixo,
divertindo-se como só um demiurgo pode ser
e no fim da tarde, quando já surrado pelos gol gritados
Tudo possa ser guardado,
esperando a aventura da manha seguinte

Adel J.S)

EULÁLIA:

quero dizer tudo em línguas estranhas
rasgo cada palavra
quebro seus cacos
esmiúço a semântica
duplico mil verbos de campanha
estilhaços toponímicos
desisto de dicionários
odeio escrever pompas
bato violentamente na esfinge
quero dizer em línguas estranhas
destruo todo desejo,
esmago a calma
destilo ódio e almejos
descompassos de medos
descomplico minhas entranhas
esmiúço meus temores
arranco com força alegrias
quero dizer tudo em línguas estranhas

Adel J.S)

TARDE EXISTENCIALISTA

A tristeza veio a mim,
toda assim, bela e pomposa,
veio carregada de tesouros
disse que me seria escola,
que educaria meu fígado
que ensinaria meus rins
quando toquei a gaita,
ela insistiu em propor delongas
deitou-se no sofá ao meu lado
osculou minhas costas
fez massagem cochichado memórias
depois me propôs ligar a vitrola
e dançar com ela um delicioso tango de Gardel
queria que eu sonhasse com a "Bele Opokhé"
queria extrair lágrimas como chuva torrencial
por Adel J.S

Adel J.S)

VIA CRUS AS SEIS DA MANHÃ

Despreguei-me da cruz
daquele Medo
cansei de ameaças tardias
Não vou mais descer ao Hades,
pelo menos não iludido,
desisto do sacrifício
de morrer por medo do medo
cansei do medo de teus medos
Abraço agora: a Vida,
perdida ou encontrada,
feia, desproporcionalidade bela,
cheia de dor e alívios passageiros
Mas não importa,
desprego-me da Crus dos indecisos
e salto a certeza do meu próprio tamanho
Que adianta ressuscitar para um mundo
que no qual eu estou ainda crucificado numa parede
A mim, importa , ver Jerusalém descer
a cada colherada mexida na xícara do café tomado as seis

Adel J.S)

VILANCETE DA DOCE BAILARINA

Descalça baila, menina,
ela nada teme ao bailar;
É formosa, e esta segura.
Levantado à saia ao girar,
No salão, bate ritmado bumbo
Acompanha sanfona triangular,
Ela rodopia sonhos cinturas
E os moços fingem não desejar
Mas teu sorrio e a neve pura
Ela é bela e esta segura.
Descobre, contudo, o baile termina,,
No dia seguinte volta a calcular
No escritório a vida é esfinge ,
Tão linda, que a pele alucina .
Chove nela graça, que finge
Que na hora do café, ensaia
Ela é formosa, porque sabe dançar .

Adel J.S)

A FESTA DE 1% NO SÉCULO XXI

Uma semente quântica
pinga na pia da semântica
pratos sujos e copos eletrizados
sente na pele uma barata eletrônica
percorrer o amontoado se sentimentos
guardados em louças antigas na cozinha da alma
O jantar foi ontem, mas ainda escuto o tim- tim das taças
enquanto o senhor de fino fraque devorava axilas de silício
um jovem casal de almofadas rosnavam palavras masmudas
o globo brilha o passado aspergindo-o na parede da sala
Todos estão envolvidos, o Dj aquece os músculos da face
embriagados jovens do século passado, pulam na festa aguda
o Século XXI prossegue arrebatando o tímpano dos fracos
uma ciborgue abre a Bíblia, e grita metalogenicamente
pregando aos convivas os detalhes de Romanos capitulo 12
Tudo alucina,
Há um quadro da Razão crucificada
Há ratos lambendo botas de dólares guardados
A festa acontece em plena luz escura da Lua
Salvem os novos tempos!
Viva a era da pós-humanidade...
Eles festejam o fim da dialética
A falsa paz dança um bit embriagada de Vodca
enquanto 1% domina

Adel J.S)

O APOCALIPSE E OS CONTOS DE FADA

Eu já não leio contos de fada,
mas sei que há lobos na floresta
Eu já não leio contos de fada
mas sei que a bruxa guarda veneno no espelho
Eu já não aguardo um "Felizes para Sempre"
mas sei João esta fervendo no caldeirão da bruxa
Meu lindo amor da primavera,
me perdoa por rasgar o calendário,
e ter meus olhos fixo neste inverno
Você nem desconfia o quanto eu queria
vê o pé de feijão crescer novamente
voar no tapete e Aladim
acordar de mil sonhos num beijo principal
Quando me lembro
dos dias que trago no alforje
algo da alegria, em mim foge
sento as margem do Rio Sagrado
e me ponho a conversar com lágrimas
Saber que as paredes já não protegiam,
ao contrário, aprisionavam, labirintos e lástimas
E o pior nem era essa sensação de estar perdido
o apocalipse resume-se no medo encontro com o Minotauro
o apocalipse nem precisa ter chuva de estrela mortas
o apocalipse nem chega perto da dor que alma esconde
o apocalipse é conto de fada quando a leveza engoda a alma

Adel J.S

Branco Almeida

Branco Almeida, pseudônimo de Janir Moreira de Almeida Filho, Rio de Janeiro, RJ, 17/04/1965... Nasci e fui criado em áreas pobres e violentas. Na infância, a prioridade era ser criança sem se preocupar se a próxima refeição viria ou não, ao fim do ensino médio, com a violência no Rio cada vez maior, minha única ocupação era continuar vivo. Desde sempre lia muito, mas o que causou impacto na minha vida foi O Don Tranquilo de Mikhail Sholokhov. Lendo aquele relato acerca da vida nas cercanias do rio Don durante o processo de coletivização da Rússia, percebi que, apesar da violência descrita e vivida, Sholokhov conseguia manter o lirismo ao falar daquelas coisas e, naquele momento, observei que mesmo com toda a violência que havia à minha volta, a minha alma mantinha a calma e, a sensibilidade, emoldurava uma essência que não se deixava contaminar pelo ódio... Hesse também tocou-me profundamente com seu Peter Camenzind, talvez a coisa mais linda que alguém já tenha escrito. Sempre escrevi muito, mas nunca tive tempo para publicar, pois haviam coisas mais urgentes para serem feitas. Minha literatura, seja qual for o gênero, tem sempre o caráter reflexivo como ponto forte, costumo dizer que " Convida-me ao pensamento e te serei companhia do paraíso ao inferno ", por entender que o papel de uma consciência é perceber-se e, em percebendo-se, partilhar os frutos dessa descoberta.

O SILÊNCIO E AS ASAS

" Exercitar o silêncio com sabedoria é tão difícil quanto traduzir-se em palavras "

Fosse o silêncio apenas a ausência de sons ou sabedoria, nós o suportaríamos sem dor... Mas o silêncio é a inexistência de conexão entre as asas e a necessidade humana de voar, é a fuga do sol da urgência dos dias em espalharem a luz, é a falta de nós nas linhas que tecem as tapeçarias dos sonhos... Ah... Fosse o silêncio risível, nos o riríamos sem medo, fosse o silêncio plangente, nós o choraríamos sem vergonha, fosse o silêncio apenas silêncio, nós não o perceberíamos, mas o silêncio é essa ave ausente entre uma e outra asa.

Branco Almeida

AGILIDADE DA PERFEIÇÃO

" A ave da alegria foge do nosso jardim de possibilidades quando a confundimos com a perfeição "
A ave da alegria dança em nosso jardim uma ciranda despretensiosa e infantil e, nessa sua inocência, se faz perfeita por ser a descrição dos que herdarão o paraíso, mas em nosso desejo de imediata realização, nós a convidamos para um baile que tenha a forma do nosso corpo...
Então a ave alça voo e percebemos, em seu farfalhar de asas descompassado, que quando exigimos perfeição, nós inconscientemente, oferecemos o medo como contraforte, pois tudo que é alegria teme a responsabilidade de deixar o patamar da efemeridade para ocupar a casa das permanências. Buscamos o nirvana, mas não o desejamos ocupar na qualidade de deuses...
Quantas aves da alegria afugentaremos dos nossos jardins até nos percebermos como crianças necessárias ao nosso próprio crescimento?

Branco Almeida

DE ONDE VIREMOS A NÓS?

"Amemos hoje, com a urgência cuidadosa de todo amar, porque do amanhã, sabemos tanto quanto um dente-de-leão sabe do vento "
De onde viremos a nós mesmos senão da semente original plantada pelo jardineiro fiel?.... O amor é fruto atemporal e, uma vez semeado, estará pronto para ser colhido: o amor independe das estações para crescer e, não é como o vinho que envelhecido se torna mais nobre, pois sua beleza se confunde com o nosso próprio sentido de tempo. O amor em nós conhece apenas o momento presente, por viver somente no lapso de seu exercício. Quanto amor existe em cada um de nós? Essa é uma pergunta de fácil resposta... Existe apenas a quantidade que cada um de nós usar para o exercício de sua latente humanidade ao longo dessa vida, porque na verdade, o único amor que não nos pertence é aquele do qual lançamos mão de doar.

Branco Almeida

TUDO DE AMAR

" Hoje amo... Não por saber do amor em sua total essência, mas por percebê-lo em sua mínima ausência "
Tudo de amar é preciso, é vital. Todos os dias engamos com doçura o nosso pensar e, nos fazemos crer que mudamos as pedras, mudamos as ondas, mudamos os mundos. Quando, na verdade, o que mudamos é somente a nossa forma de olhar. Tudo seria sempre tão igual sem esse açúcar roubado das nossas festas de infância, pois a vida é um medicamento que preenche os vazios do tempo e, seus efeitos adversos, são simplesmente sintomas da humanidade que insistimos em não libertar.

Branco Almeida

DA MULHER E DA MÃE

" A mulher desejou ser perfeita e Deus a fez mãe "

A parte aparente de um iceberg é infinitamente menor que a ocultada pelo mar gelado e, é esse, o segredo de seu equilíbrio. Certamente, se virarmos um iceberg para uma posição onde a porção maior fique para cima, o equilíbrio fugirá. A mulher, enquanto essência feminina e pura, se equilibra com a serenidade de um iceberg em sua posição natural; enquanto mãe, a mulher é como um iceberg em posição inversa e se torna muito maior, mas por um mistério sagrado, conserva a capacidade de equilibrar-se com ternura, mesmo em águas revoltas por ventos de tempestades.

Branco Almeida

DOS CORAÇÕES E DAS MARÉS

" A vida pode transformar um coração em pedra, mas não pode impedir que ele sonhe com asas "

SIZÍGIA

Amou-me por lembrar-me de mim
Despertou-me por acordar-me para o sono
Fez-se do dar-se sem exigir-se
O receber-se sem cobrar-se
Então amei-me
E pude dar-me ao amor de amar
Pude dar-me ao compartilhar sem culpa
Alinhou-se tal Lua, Sol e Terra
E moveu-me em maré gigante e cíclica
Então amei-te
Dei-me a tergiversação de amar a luz e a escuridão
Então amei-te por amar-me
E, por amar-me, parti de mim levando os ventos
Parti para o interior de sua alma
Que me construíra e moldara em segredo
Para te buscar e, habitar em ti, habitando-me
E amei-te por ensinar-me a amar-me
Amei-te, não por despertar o homem em mim
Amei-te por não deixar dormir o menino em mim
Alinha-me em três universos
Volta com mais seis ventos
E seja a areia em meu corpo
Só mais uma vez
Sizígia...

Branco Almeida

I NEVER CRY

Eram passados vinte e poucos anos do primeiro tempo da vida, rolavam um futebol e um pagode simultaneamente, quando um cabeludo muito parecido comigo sentou-se ao meu lado numa das laterais do campo. Ele trazia numa das mãos um fuzil HK G3 e na outra uma garrafa de tequila prata José Cuervo.
_ Caralho... essa porra desse jogo feio não precisava ter essa merda de música como pano de fundo ! _ resmungou sentando-se ao meu lado.
Apesar dos palavrões, eu reparei nele uma certa cultura, pois na favela não é comum usar-se a expressão " pano de fundo " para definir um evento secundário. Naquele momento senti que o maluco não estava de bobeira, pois o pagode estava um nojo maior que o futebol.
_ Quer beber, irmão? _ perguntou jogando a garrafa pra cima de mim.
Segurei a garrafa e chamei uma menina que estava perto.
_ Luciana... experimenta essa tequila pra ver se é boa? _ falei estendendo a mão com a garrafa.
Luciana pegou a garrafa bebeu lentamente e, um minuto depois, encheu novamente a boca e me beijou deixando tequila passar para a minha boca.
_ Valeu! Pode puxar o bonde... _ disse mandando ela sair de perto.
_ Você tá fazendo a segurança de quem? _ perguntei enquanto bebia.
_ Do cara de Acari... _respondeu o cabeludo.
Durante esses eventos é muito comum que, além da segurança dos traficantes locais, os chefes de outras comunidades tragam seus homens de confiança, pois é comum uma festa ser organizada para haver uma " quebra de milho " ou uma " casa de caboclo " . Por esse motivo eu mandei a Luciana experimentar a bebida, pois poderia estar envenenada e, nesse mundo rola de tudo.
_ É bonito esse G3...deixa eu dar uma olhada nele. _ disse entregando ao mesmo tempo a Uzi 9mm israelense que eu tinha nas mãos.
_ Não precisa me entregar sua arma destravada. Confio em você, armas não matam; as mentes dos homens é que matam. _ falou calmamente o jovem.
Segurei o fuzil, conferi a munição 7.62... Toquei aquela arma com a mesma veneração com que se toca uma mulher ou uma serpente.
Entreguei novamente a arma e passamos a falar de outras coisas.

_ Essa música está horrível. _ comentei sabendo que ele concordaria.
_ Verdade...eu gosto de rock... tem uma música que eu me amarro, mas não lembro o nome agora. _ Disse o rapaz prestando atenção em cada passo do seu chefe.
Fiquei em silêncio, pois o jogo terminara e logo começaria a festa onde as coisas realmente aconteceriam. Durante a noite, ele me apresentou sua irmã e ficamos juntos. A cocaína impedia o sono de chegar e, no caminhar da madrugada, os chefes foram sendo retirados de forma aleatória para impedir uma possível prisão de toda a liderança da facção de uma só tacada.
Pela manhã, eu caminhava para estação de trens quando ouvi um disparo, continuei andando e, de repente, o cabeludo surgiu cambaleando, eu fiquei paralisado, pois apeguei-me a ele em apenas uma noite e não sabia se corria para me proteger de um potencial ataque, provavelmente da polícia, que tem por costume atacar pela manhã, ou se tentava socorrer o amigo. Ele se aproximou de mim, deixando um rastro de sangue por seu caminho e abraçou-me.
_ I never cry... o nome da música é I never cry... _ sussurrou o cabeludo com a voz já dotada das asas que levam os homens ao paraíso conquistado pelas obras de seus corações nessa terra..

Branco Almeida 26/06/2017.......19:27

O MANACÁ E O LEÃO

Uma parte de mim se devora enquanto dorme,
Quando desperto me falto.
Eu, manacamaleão morto em meus lilases,
Fugazes, lábeis em sonhos serpenteantes.
Serpente antes, leão depois, camaleão sempre...
Manacá-da-serra ou lilases-das-Antilhas?...
Não sei, mas minha mãe era analfabeta e sabia!
Quanto de mim falta sonhar?
Quanto tempo do branco ao lilás?
Quanto tempo ainda tanto faz?
Quanto daria do que não tenho,
Para tocar-te no que não posso?
Completo-me por ser-me falta...
Já não grito nos meus sonhos,
mas aos poucos,
me escuto em meus silêncios
e por agora... essa é a cor que tenho

Branco Almeida

O ILPALPÁVEL NUTRIR DA ALMA

A receita de uma possível realização passa por alimentar-se da aceitação de si mesmo e, em hipótese nenhuma, nutrir-se da fácil e florida aceitação que o mundo parece ter por nossa essência.

POR FIM

O amor não morre sem ficar de cama
não cai do telhado, nem da passarela,
da morte súbita é livre.
O amor quebra a perna, o braço,
Fica doente, gripado.
O amor não morre sem ficar de cama;
Morre de ficar sem cama,
Sem espaço, sem abraço.
O amor não nasce de medo,
Nem morre de medo,
Mas adoece do medo da morte.
O amor não morre sem ficar de cama,
Não morre sem luta,
Nem nasce sem boa vontade.
O amor sabe que nasce para morrer de velhice,
Da falta de ar, da falta de cuidado.
Por isso dói, dói pra lembrar que seu doce engorda,
Pra lembrar que deve ser consumido sem moderação,
Mas com respeito.
O amor não desperta do coma,
Mas não morre sem tentar usá-lo como artifício.
Por fim... o amor não morre sem ficar de cama...

Branco Almeida

Dez Poetas e Eu

Dilma França

Dilma França – Natural de Caruaru/PE/Brasil, muito cedo aprendeu a gostar de ler. Lia (e ainda lê) tudo que estiver à sua frente. Fotonovelas, gibi, jornais, romances, poemas, livros de autoajuda e, principalmente, a Bíblia que era sua leitura diária. Sempre recebeu o incentivo de sua mãe para cultivar o gosto pela leitura. Dilma gostava de escrever poemas e J. G. de Araújo Jorge era o seu poeta preferido. Mas foi sua filha Edy Viviane a sua maior incentivadora para que publicasse seu primeiro livro.
Dilma França é professora aposentada do estado e da rede municipal de ensino. Também ministrou aulas na rede particular e na Universidade de Pernambuco. Graduada em Letras e Educação Física, Especialista em Gestão Escolar e Supervisão Pedagógica. É admiradora da cultura e das artes. Publicou dois livros: "Com os Pés no chão e o Olhar no Infinito" e "Eu... Poesia!." Este último, com lançamento também em Portugal. Até hoje, (julho/2017) tem participação em 10 Antologias (Brasil/Portugal). Tem 15 cordéis publicados sobre vários temas. É membro da Academia Caruaruense de Cultura, Ciências e Letras (ACACCIL), da Academia Caruaruense de Literatura de Cordel (ACLC),, Membro da Associação Portuguesa de Poetas – APP e do Horizontes da Poesia/Portugal. É Escritora, Poetisa e Cordelista.

POEMAS

E EU VOU...
Sou feliz como sou.
Sinto a paz
Na essência do meu ser.
Sei viver, navegar
E apreciar
Novos horizontes.
Encho-me de amor,
Transbordo de paixão
E nada ofuscará
O brilho do meu olhar
Nem apagará
O calor do meu coração.
Amar, renascer,
Recomeçar
Fazem parte do meu EU.
A natureza me encanta,
A poesia me restaura,
Me arrebata
E eu vou...
Porque sou feliz
Como sou!...

Dilma França

O PÁSSARO E A FLOR

No jardim do amor,
Tu és o pássaro
Eu sou a flor.
A flor que nasce,
Cresce e floresce
E a cada manhã
Tem encontro marcado
Com o beija-flor.
E neste encontro fenomenal,
Sente o beijo transcendental
Do pequeno pássaro
Amor sem igual,
Que suga o néctar
Cheio de vida
De sol... e de sal...
São momentos sublimes,
Cheios de Luz
Entre o pássaro e a flor
Que a todos seduz,
Que a todos conduz
Para o jardim do amor,
Onde tu és o pássaro
E eu...sou a flor!

Dilma França

EU BRINQUEI COM A VIDA NASCI

Em um dia de claro sol,
Manhã brilhando, arrebol
Prenúncio do bem ao meu redor!...
CRESCI
E jamais quero esquecer
Os momentos de ternura,
Orações e coisas puras
Sacrifícios e lazer!...
VIVI
Enfrentei os desafios,
Não me deixei no vazio,
Não tive medo do frio,
Lutei, sofri e venci.
SENTI
O perfume das flores,
Renasci para os amores,
Entre tristezas e dores,
Caminhos encantadores, eu vi...
Eu brinquei com a vida
E ela me respondeu:
Ensinou-me a humildade,
Mostrou-me a felicidade,
E hoje, somos apenas nós:

Dilma França

DESEJOS DE PRIMAVERA

Desejo olhar o infinito,
Ver tudo de mais bonito
Numa noite de luar,
O céu, a terra, o mar
Quando a primavera chegar...

Quero ver o sol nascer,
A lua resplandecer,
Minha alma levitar,
Para com a tua encontrar
Quando a primavera chegar...

Olhar o bailar gostoso
Das andorinhas no ar
E o perfume das rosas
Intensamente, aspirar
Quando a primavera chegar...

Ter momentos de magia
Regados à poesia
Em todo meu caminhar
Sorrir, amar, festejar
Quando a primavera chegar!...

Dilma França

NUM ABRAÇO
É lá

Onde nos sentimos
Protegidos.
O que antes
Estava perdido,
Num abraço
Vai se encontrar.
O abraço é segurança,
Alegria de criança
É confiança,
Nada existe de melhor
Para se estar.
É lá,
Onde sentimos o calor
Dos corpos apaixonados,
Dos corações
Descompassados,
De olhos enamorados...
E a vida
A vibrar
Num gesto
De abraçar!...

Dilma França

RENASCER

Eu preciso esquecer
Os momentos sem doçura
Que só trazem amargura
E marcas do meu sofrer.

Eu preciso esquecer,
Apagar os teus deslizes
Que nos deixou infelizes
E me fez entristecer.

Eu preciso renascer
Sentir-me bela, segura
Ver em cada criatura
Um novo amanhecer.

Amanhecer de ternura,
Amanhecer de perdão,
De fervor e de candura
Amanhecer de paixão.

Vou mostrar pra essa gente
Que vale a pena viver
Não serve bater de frente,
Mas ser feliz e RENASCER!...

Dilma França

ENTARDECER X ANOITECER

Amo o sossego do entardecer.
Sento-me no jardim a observar,
Vejo a chegada do anoitecer,
A beleza do céu, descortinar.

Tudo é paz, sereno, tranquilo
O belo sol dá lugar ao luar,
Uma brisa suave de mansinho
Vem o meu rosto acariciar.

Estrelas reluzentes vão surgindo,
Gotinhas de sereno a me molhar,
Belo quadro, me ponho, a admirar...

Quem poderia ter tamanho gosto
De pintar este quadro tão bonito
Para os poetas sensibilizar?
Inebriar?
E deslumbrar?

Dilma França

SUAVE MÚSICA

Ouço a suave música do vento,
Vejo folhas de outono a balançar,
Olho o pôr do sol que me fascina,
Sinto a poesia me embalar.

Ouço a suave música do vento
Como a dizer-me: vem poetizar
Sinto que tudo isto é um momento,
Um momento belo pra se eternizar.
O sol a despedir-se lentamente,
Parece prometer que voltará
Para o belo cenário contemplar.

Assim, enternecida, minh'alma chora
E nas belezas que estou a contemplar,
Ouço a música do vento me afagar.

Dilma França

EU...POESIA!

Dos deuses,
A sinfonia.
Da natureza,
A magia.
Do amor,
A fantasia.
Trazendo paz
E harmonia.
Da criança,
A pureza.
Do lírio,
A singeleza.
Da brisa,
A sutileza.
Cheia de cor
E beleza.
Eu... Poesia
É oração, união
Com versos
Do coração,
Feitos de amor
E de paixão!

Dilma França

FÊNIX

Quisera ser como és
Muito forte e destemida
Sempre com a cabeça erguida.
És um símbolo imortal
De renascer espiritual.
Tens o dom de transformar
O viver, o despertar
Sempre cheios de esperança,
Como o olhar de uma criança.
A esta altura da vida
Em mim, a juventude se foi
Mas o fogo da paixão
Arde em meu coração,
Deixando transparecer
O interior do meu ser...
Querendo reconstruir,
Reinventar e renascer
Inteiro como o Rei Sol.
Quero das cinzas surgir
Do passado, muito pouco refletir
Despertar com mais vigor
Para a vida em esplendor
Para a luz,
Para o saber
E para o amor!

Dilma França

Selma Melo

Selma Melo. (Também conhecida como Selma Poeta).
Radicada em Araxá – MG.
Professora, licenciada em História.
Atriz e autora de várias peças teatrais.
Autora dos livros:
. Momentos.
. Fragmentos de Vidas.
. A Voz do Coração.
. Participou do livro "Dez Poetas e Eu", quarto volume, pela Editora do Carmo.
. Participou do livro "Desafio", primeiro volume, pela Editora do Carmo.

ROSAS QUE CULTIVEI

As rosas desabrocharam
e eu fui seduzida pela beleza.
São rosas brancas,
símbolo de pureza!
Quando de novo a roseira florir,
enviarei rosas a quem amo.
Quero que elas o hipnotizem com
tanta beleza!
Quero que elas o embriaguem com
seus perfumes.
Quero que elas lhe transmitam
todo o meu amor.
Se reunissem os melhores químicos
do universo, com as mais
raras essências, jamais
conseguiriam perfumes tão
suaves iguais a este.
E suas pétalas são tão lindas!
Nenhum homem será capaz de
copiá-las, artificializar o natural,
desvendar os mistérios de Deus
atingir o impossível.
Rosas!
Não sei se digo:
Sorriso da mãe-terra
Canto da natureza
Ou: Discurso de Deus!
Rosas brancas
Rosas que me encantam
Rosas que cultivei!

                                              Selma Melo.

LUA CHEIA

Lua cheia
Lua plena
Lua superpotente!
Na lua cheia,
os loucos se alucinam.
As dores parecem ainda mais doídas!
Em compensação,
as plantas crescem;
o verde agradece...
As flores desabrocham como
se fosse um desfile de fantasias,
com suas formas e lindos coloridos!
O amor aflora na pele
Porque é a lua dos namorados
que se torna resplandecente,
bela!
Com seu imenso refletor de luz
e esplendorosa beleza,
ela nos contagia, seduz,
e fantasia magicamente
as nossas mentes.

                                        Selma Melo.

AS ROCHAS

Exuberantes esculturas divinas,
esculpidas pelas mãos do tempo.
Energizadas pelo sol.
Iluminadas pela lua.
Acariciadas pelo vento.
Centenas e centenas de anos já se passaram,
uma infinidade de árvores já nasceram,
cresceram, floresceram, espalharam suas sementes
e morreram.
Enquanto as rochas
continuam as mesmas, nos mesmos lugares!
Para adorná-las,
nasceram as belas cachoeiras,
com suas quedas que mais parecem grandes véus.
Cachoeiras, musas inspiradoras dos poetas!
Reservas de amor e paz.
Solidão que acalma as nossas almas inquietas.
Altares das divindades silvestres.
Poema que Deus escreveu!
Rochas, sempre rochas!
Legítimas proprietárias das terras,
porque já existiam antes de nós,
dos primeiros habitantes humanos
E como são belas!

                                               Selma Melo.

INTERVALO

Hoje, eu não quero filosofar,
quero apenas sentir...
Sinto necessidade de abraçar a vida,
de trazê-la para bem perto de mim.
Eu quero ouvir o canto dos pássaros,
olhar para as cores das borboletas
que embelezam ainda mais o que
já é belo: a natureza!
Ouvir o sussurrar do vento
varrendo as folhas secas;
tomar banho de cachoeira,
 sentir a energia do sol
e ser lembrado por ele que
o dia já está findando.
E, ao cair da noite,
quero contemplar
o firmamento,
embebedar-me da magia
da lua e das estrelas.
Deixar a mente vagar...
Recarregar-me de boas energias
para que eu possa
tirar lições dos erros,
compartilhar vivências
buscar as verdades
repartir ternura...   Selma Melo.

ÍNDIA BORORA

Nua como veio ao mundo.
Leve como uma brisa!
Protegida pelas energias cósmicas das
divindades silvestres.
Entra na mata,
espanta a passarada.
Sente no ar o cheiro da raiz umedecida.
Corre como um animalzinho nas verdes colinas,
de manhã cristalina e relva orvalhada.
Banha-se em um rio pequeno,
que corre sereno...
Quando o sol se põe, volta à aldeia com um
sorriso nos lábios
e encantamento no coração.
Pequena menina;
sente-se feliz por fazer parte deste quadro,
onde tudo se completa e pouco se espera.

Selma Melo.

AQUELE INDIGENTE

Vive só,
pobre como Jó!
Quando a noite chega enrola-se em si mesmo,
numa calçada qualquer.
Entre ele e a maior parte da humanidade
há uma distância constante.
Os homens tornam, retornam, e ele ali...
Preciso oferece-lhe pão e uma oração...
Quanto sofrimento!
Chuva, frio, fome...
É a injustiça social, este é o nome!
Tão sofrido o indigente,
seu coração é igual ao meu,
bate,
sente.
É um coração,
coração de gente!
Faminto,
maltrapilho,
pés no chão.
Preciso lembrar-lhe que Deus é Pai,
Jesus é seu irmão,
esta é a sua família,
não deve se sentir tão só,
mesmo pobre como Jó!

          Selma Melo.

A TELA

Chega o artista:
Cabeludo,
cabisbaixo,
comovido,
concentrado,
e perguntou-me:
Como deverá ser o quadro?
Respondi:
Eu quero apenas o sentimento do artista,
basta que olhe para dentro de si.
E ele retratou perfeitamente os seus sentimentos.
Quando olhei
emocionei-me e chorei.
Naquela tela eu me vi, vi você, você, você...
Naquela tela eu vi a fome de justiça, ânsia de paz.
Naquela tela eu vi o mundo inteiro e tudo que
a vida nos concede.
Naquela tela eu vi o sentido, o sentimento e a
 imortalidade do artista.
Naquela tela eu vi Deus!
Não foram traços de tintas, foram traços de sangue que
rolaram sobre ela.
Sangue azul, verde, amarelo, branco, marrom,
vermelho e cinza.
Ah! Aquela tela!...
Diante dela as palavras consomem
e o silêncio se perde.

Selma Melo.

MARIA

Maria sem pecado.
Maria que concebeu o seu filho
através do poder do Divino espírito Santo.
Maria, mãe de Jesus.
Maria que abençoa o mundo.
Maria que nos encanta!
Que bom seria se eu também
me chamasse Maria.
Assim como tantas outras
Marias...

                                                          Selma Melo.

SER POETA

Ser poeta é revelar os mais belos sentimentos de
amor, de paz e de liberdade.
É mostrar o brilho de cada ser, encorajando-o
em relação ao futuro.
Ser poeta é amar e viver a vida.
É sentir junto de si o amor que está ausente.
É chorar se está alegre.
É sorrir se está chorando.
Os olhos do poeta são como um rio
em tempo de cheia,
que transborda, não consegue conter suas
águas e as joga para fora.
A alma do poeta é um bailado
todo ornamentado.
Os seus caminhos e coração são floridos.
Embora morto o sonho, para o poeta ele
ainda existe.
O poeta nasce e as ondas do mundo o envolvem.
Como é bom SER POETA!

                                                Selma Melo.

EM TEMPO

Tempo de pular
Tempo de gritar

Tempo de dançar
Tempo de cantar

Tempo de sorrir
Tempo de amar

Tempo de aprender
Tempo de ensinar

Tempo de sofrer
Tempo de chorar

Infância é tempo
Adolescência é tempo
Juventude é tempo
Velhice é tempo

Viva bem vivida cada fase
em cada tempo,
para depois não dizer:
"EU NÃO TIVE TEMPO!"

Selma Melo.

POESIA

A poesia é como a agulha;
vara a solidão!
Ela é o encanto da vida
para expressar o belo em palavras.
Gostar de poesia e ler um bom poema
é como olhar para os olhos de uma criança
recém-nascida,
enxergar um mundo sem maldade
e sem pecado.
É estar em estado de graça!

                         Selma Melo.

Iranete do Carmo

Iranete Pontes do Carmo é editora e poeta. Iranete é uma mulher apaixonada pela vida, por Deus e por sua família. Já publicou um livro, "Minha Alma Poética", e já participou de várias antologias, e como editora, editou mais de 200 autores pela Editora do Carmo, onde divide a direção com seu marido Evan do Carmo.

UNIÃO para Evan Do Carmo

Me vi no espelho
Enxerguei a soma
de nós dois...que
O resultado é UM...
Esse amor que um dia
Será perfeito!
Que com os anos...
Se aperfeiçoa...
fica mais gostoso...
Como o vinho...
Somos completos...
Somos UM em dois!

alma gêmea de minha'lma,
Metade de mim é você...
E a outra metade é NÓS!
Somos um tríplice cordão,
Os três juntos...
Deus...amor...nós!
Tríplice, inquebrantável e seguro!
Perfeito e eterno vínculo de União!

Iranete Pontes

Foi como em um filme épico, um Bobo da Corte me contou
"tem um poeta de minha Trupe interessado em possuir seu amor...! Tu és a Musa eterna que ele sonhou!"
Eu, de minha parte, pedi que levasse um beijo meu ao poeta...eu seria dele e ele pra sempre o meu" beija-flor"!

Iranete do Carmo 22/07/2017

O CÉU CHORA LÁGRIMAS ESTRELADAS NO DIA CLARO ENLUARADO, PORQUE O SOL JÁ SE PÔS...!

IRANETE PONTES

PARA BEATRIZ

Você é como tinta que tatua minh'alma...! Amor de Neto! Um botão se abrindo em flor na moldura do meu coração!
♥Cheio de cor, ternura e doçura♥

E quando na tenra idade da vida, ela tentou me tornar pequena e pensei que não mais sentiria fortes emoções...eis que nasceu das entranhas do de minhas entranhas, netos, e como fortes raízes, me tornou verde e frondosa novamente!!!
Iranete Do Carmo
Pode me xingar de poeta...
romantismo pra mim é uma forma de vida..
Sem cuidar,
nada floresce...
Sem metamorfose,
não existe mudança...
Sem pólen, inexiste mel nas flores...
mas nasci assim...
amo rosas e rosas, margaridas,
borboletas e um tal de beija-flor!

Foi como em um filme épico, um Bobo da Corte me contou
"tem um poeta de minha Trupe interessado em possuir seu amor...! Tu és a Musa eterna que ele sonhou!"
Eu, de minha parte, pedi que levasse um beijo meu ao poeta...eu seria dele e ele pra sempre o meu" beija-flor"!

Iranete do Carmo 22/07/2017

PARA EVAN H

Dorme, dorme meu menino...
O papai já vai chegar...
Ele estará sempre presente,
Para nós dois alegrar!
hoje eu te beijo o rosto. ..
Amanhã tu me beijará a testa!
Desde pequenino tu já era moço velho...
Eu uma velha moça...pra ser tua mãe!
Dorme meu menino, dorme...
Estarei sempre aqui, velando por ti!
Sê feliz meu pequenino...e tua mãe ficará em paz !

VOCÊ ME CHAMA...

Você me chama...
Chama por meu nome...!
Meu nome se transforma,
Saindo de sua boca...
Maria!
Uma palavra doce...suave!
Teus lábios fala um nome amado...
Sagrado!
E soa como o zumbido de uma abelha à procura do mel...
Como uma flor desabrochando,
Cheia de pólen pra dar...
Espero com volúpia profana...
Você...
meu beija-flor!

ANDEI...ANDEI.

Procurei por entre espinhos
Uma rosa pra te dar
Reguei com a felicidade
Líquida, que qual lágrima
Não se cansam meus olhos
De derramar...e com ela
clarear o arvoredo,
Enfeitando e colorindo
O cinzento do lugar...
E aqui nesse casebre,
iremos morar...
Ouvindo os pássaros cantar...
e a revoada no céu bailar...
Café quentinho na mesa
Assim que o sol se levantar
E vou te acordar
em passos lentos
E muitos beijos te levar
Com desejo imenso de
Novamente te amar!
O poema lindo que te fiz
Perto da xícara irá encontrar...
Nele diz que,
Nossas noites de amor vão ser lindas...
E diferente dos outros amores
Nosso amor vai durar
Eternidade é pouco
Pra cada verso
Que a ti eu vou dedicar...

Iranete Pontes

A cada dia que se põe o sol... a vida se esvai mais um pouquinho...quem dera eu não tivesse sono...poderia segurar com força cada fresta de luz...

Iranete Pontes

GRANDES NOMES A POVOAR
MINHA MENTE...

Aqueles que ainda estão aqui...
E aqueles que aqui já não estão...
Seus conselhos e sapiência
Ecoam no tempo...
Padecem...
Nas entrelinhas do espaço...
Áqueles que destroem
Cada traço de seus eternos
e santos ensinos...
Digo que perdem uma quimera...
Da essência catalogada...

e pra sempre perdem o
Entender de tal ausência...
o saber que não saberão...
Ah, se eu pudesse...
voltar no emaranhado
pêndulo do tempo...
E aprender ser humano
Pra desumano não ser...
E aproveitar o tempo de viver...
O tempo...
As artimanhas da vida...
Do tempo...!

Iranete Pontes

SE NÃO ME ACHO POETA

Se não me acho poeta
É que não ouço a voz do meu "eu"...
Digo que é minha tristeza
E a minh'alma que chora
Quem agrada e encanta...

Se acham que sou poeta
Por causa do meu canto...
Pouco importa isso pra mim...
Conto porque choro...
Porque a saudade dói em mim...

Choro lágrimas salgadas
Com gosto de água do mar...
Canto a beleza dos poemas...
Poemas tristes que só eu sei cantarolar!

Penso que não sei rimar
Na hora de meus poemas contar...
Minha rima, rima com tudo
Com fogo, com terra e com ar...

Mas sempre rima nos meus poemas vou eu usar...
Com amor antigo e novo...
Daquele que morreu e daquele que sempre viverá!

Iranete Pontes

AMOR

Migalhas não...
Seu alicerce tem que ser...
Tolerância...
Reciprocidade...
Cumplicidade!
Abrigo...colo...cuidado...
... vastidão...
AMOR!

Iranete Pontes

TEU BEM MAL

Sou tua inimiga, tua algoz...
O teu pior ideal...
Abrigo no meio de um temporal...
Teu bem mal...

Aquela que tem dor e drama...
Que só vem se tu chama...
Maldizente na cama...

Sou tua pior poesia...
Eterna saudade do que querias...
Uma amargor, uma má gia...
Tua eterna companhia!!!

Iranete Pontes

SEMPRE SERÁ ASSIM ...

Já dei risadas aos ventos uivantes
De transbordar minha felicidade,
Causei inveja a alguns, que de tanta dor
E de tanto chorar
Ficaram vazios de amor...
Rasguei paradigmas da sociedade
verdades que são mentiras...
Mentira que são verdades...

Poesia... fiz muitas...
E num canto qualquer as desprezei...
Chorei e procurei um refúgio
Que Deus para sempre enxugasse
As lágrimas de tristeza, de dor, de clamor...

Voltei a fazer poesia...
A cantarolar melodias de amor...

Abri a janela de minha alma
E vi paisagens com jardins cheios de flor
E borboletas...
Vagalumes e cigarras orquestrando a noite...
O céu azul com nuvens rosas
E na escuridão chuvas de estrelas douradas...

Sei agora que sempre será assim...
Minha alegria com ele nunca terá fim!

Iranete pontes

PONTES

Numa certa Ponte...
Dia de tom cinzento...
Solo branco de neve...
Lamento...

Sou um poeta sonhador...
Perdido em meus pensamentos...e...
Penso uma vil inspiração ter encontrado!

Reinvento-me a cada cenário...
Questiono a vida...a natureza...o universo!
Até mesmo pulverizo dúvidas...
Da existência, de um criador...do amor...
Em gestos de carinho e desespero...!

Credos se perdem, em oração e destinos dúbios...
Nos minutos tortuosos a percorrer...
Da Ponte, um pulo ao precipício...ao nada...

Olho a Ponte, onde tantas vidas já desistiram...
Pontes, quantas...!
Muitas servem de moldura ao mundo...
Muitas de tribunal de autocondenação!
Arrefecida por gestos e sentimentos de puro desespero...!

Sob promessas de
Eternidades...são elevados às Pontes para se autocondenarem a ser rebaixados em seus próprios julgamentos!

Iranete Pontes

DEZ POETAS E EU

Flodoado Santos

Flodoaldo Santos, deu a luz a suas poesias primogênitas, enriquecendo-as com músicas ainda em sua adolescência. Mantêm sua arte apenas entre amigos e familiares.
Começou a escrever em público com a criação do site Cametaoara, em 2002, depois transformado no Blog cametaoarablogspot.com, criando e postando eventualmente temas inerentes a Microrregião de Cametá, principalmente voltados para a Geografia, História e cultura local.
Sua primeira obra literária foi O PORTO DE CAMETÁ NO ESPAÇO DE CIRCULAÇÃO, lançada em 2015, com o apoio do Campus Universitário do Tocantins – CUNTINS, onde graduou-se em licenciatura e bacharelado em Geografia.
Para não ser injusto, Flodoaldo prefere não citar nomes. Seus principais apoiadores são familiares e alguns amigos, destacando sua querida Catarina. É leitor de poucas obras de autores nacionais e internacionais, muitas obras paraenses e quase todas as obras de autores de sua dileta cidade de Cametá.
Sendo Cametá no Pará o seu torrão natal, é lá, em seu porto, nas ilhas e rios do lugar, em especial o seu Rio Furtados, os palcos principais de seus poemas criados para este livro.

A PRAIA NO PORTO

Disseram uma vez pra nós,
Gesto firme, alta voz:
"Visto a Praia de Itaúna?
Vamos trazê-la de lá,
Pra frente de Cametá!
Somos forte, força una!"

O nome da praia já sei
Ela será José Sarney

Corre areia em tubulões
Toneladas, são milhões,
E o povo a falá e sonhá:
"Copacabana dé Cametá!"

Obra não continuou
Engenharia falhou
O dinheiro logo acabou

Cametá hoje sem porto
E sem a praia também
E a culpa é de ninguém?

Flodoaldo Santos

BAR FLUTUANTE

É julho, é domingo, é tarde de sol
Férias, lazer, ninguém fica só
Rabetas e barcos, Canoa, voadeira
Voando na beira, feliz, animados,
Pelo meu Rio Furtados!

Bar flutuando, casal dançando
Chegando em teu porto, festival de cores
É bar molhado, espaço apertado
Calor humano, é gostoso sentir
Estar perto de ti

Coração palpitando, jovens flertando
Petiscando o camarão
Com farinha do Areião
Sorvendo a cerveja, vinho a degustar
Conversa animada, gostosos calores
Lugar de aconchego, bom pra namorar
É gente contente, cheio de amores!
De de ilhas e rios, de todo lugar.

Flodoaldo Santos

CEMITÉRIO DOS NAVIOS

Jaz no Porto de Cametá
Navio morto que nunca se viu
Haja o povo a apelidar:
"Cemitério dos Navios!"
Jazem tantos navios no porto
Pra combater a erosão
E renascer quem tá morto
Enganando a multidão
Afundaram o Taubaté
Em seguida o Puraqué
Desceu o Perseverança
E mais 3 e a esperança!

Mas a erosão continua
E o porto sempre caindo
Povo sem porto na rua
Povo no rio sem porto
Os políticos gritam no peito:
"amanhã se eu for eleito,
Juro a erosão vai ter jeito"

Flodoaldo Santos

JOVEM NOVAMENTE

Crer que o passado não volta
É perder o regresso a juventude
É não rever o amor adormecido
Em belos sonhos e fantasias

Deixei a saudade de lado
Mergulhei no jovem passado
Em sonhos te trouxe a meu seio
Gozei, vivi devaneio

Oh vida boa daquela idade
Que tive hoje em realidade
Explosões de paixão, de vida
Que volta em dose incontida

Tua presença me deixa voraz
Sou um jovem novamente
O amor que não fui capaz
Vivo hoje, o corpo consente

Agora feliz, sereno
Após o momento pleno
De amor fugaz sem veneno
Adormeço em paz, ameno

Você também a meu lado
Aquece meu bel prazer
Inebria e deixa enfeitado
Seu caminhar, seu viver

Flodoaldo Santos

MEU NAVIO NO TEU PORTO

A saudade de ti, aos poucos
Foi trazendo o meu navio ausente,
Urgente, carente, de prazeres ardentes.
Atracou sôfrego no teu porto,
Teu porto seguro, maduro e puro
Atraquei fugaz, mas cheio de paz
Com meu navio encantado, abraço apertado,
Em teu caloroso e ardente cais
Avancei feroz, eu e tu, só nós
Investi no teu porto meu tatu-açu
Que penetrou teu barranco nu
Arfante, cálido, latejante, mergulhei
Em teu rio de prazer nadei
Tuas águas felizes, suguei , bebi...
Cobri com mil beijos
Teus calentes degraus sedosos
E aí, nas profundezas de teu trapiche
Quero morrer no deleite...durmo feliz.

PORTO CORAÇÃO

Ao ler um nome de mulher
Vejo também o seu rosto
Navego feliz até seu porto
Ou parto dele com saudade
Posso radiar de alegrias
Posso também chorar
De repente começo orar
Mando a viola cantar
Vertendo lágrimas tristes
Desmaiando de prazer
Ou morrendo de paixão

Flodoaldo Santos

CAMUTÁ

Tua História poesia
Povoa memórias de fantasia
Nas árvores tua moradia
Lá viveste feliz um dia.

Por quê deceste de lá?
Desmontaste teu mutá?
Abandonou teu caá?

Em castanheiras, belas iúras
É legal morar nas alturas
Nas copas das maçarandubas
No alto das caxingubas
Que beleza, que loucura!

De lá vias o Tocantins
Na árvore teu oratório
Também observatório
Estavas mais perto do céu
Levavas vida ao léu
Ponto certo pra caçar
Protegido do jaguar
Árvore estadia e tua Deusa
Tua guarida, tua alteza

Flodoaldo Santos

VILA VIÇOSA

Frei Cristóvão chegou em Tapera
Em mil seiscentos e desessete
Os Camutás eram uma fera
Mas Cristóvão logo os converte

Arrebanha-os pra trabalhar
Construindo uma capela
Traz todo mundo pra morar
Perto dele, sem mazela

Ali nasce Vila Viçosa, quer mais...?
...De Santa Cruz dos Camutás!
Esta vila sumiu da memória
Foi o nascer de Cametá!
Que hoje era para ter
400 anos de Historia

Flodoaldo Santos

CATARINA

C anto de alegria a cada dia
A njo protetor, pedra polida
T u és flor que me perfuma e guia
A paz, companhia, minha guarida
R osa mística, minha melodia
I nvade meu mundo sem medida
N a verdade, és minha galhardia
A luz que resplandece minha vida

Flodoaldo Santos

MULHER RIBEIRINHA

É mágica tua presença
Vens a mim como sereia
Ou botinha encantada
Bela moça ribeirinha
Na escada de meu porto
Cheirosa enfeitada
No trapiche sonhando
Iara boiando no rio
Na vassoura feiticeira
Andando na beira
Passeando na areia
Na ponte contando estrela
Me arrepiando o assobio
Da matinta pereira
Transformada depois
Na deusa do rio
Alimentando meu cio
Enriquecendo meu brio
Embalando meu ser
De um feliz viver

Flodoaldo Santos

SENHORA APARECIDA

S enhora nossa Aparecida!
E u quero a benção, ó mãe querida!
N unca me negues misericórdia!
H oje livrai-nos da discórdia!
O teu encanto, nosso acalanto
R ogai por nós, lançai teu manto
A tua luz é nosso encanto

A tua imagem nos conduz
P ara um mundo de muita luz
A tua paz acalma a vida
R ainha Mãe, cura a ferida!
E quando sinto o meu fervor
C orre de mim todo o temor
I rradiando luz e amor
D ou testemunho a quem quer ver
A ndo vivendo teu grande amor

Flodoaldo Santos

DEZ POETAS E EU

Evan do Carmo

Nascido na Paraíba em (29/04/64) é poeta, escritor, romancista, jornalista, músico, filósofo e crítico literário. Fundou e dirigiu o jornal Fakos Universitário. Criou em 2009 a revista Leitura e Crítica. Tem 22 livros publicados, sua obra está disponível em 12 países, (um livro editado em inglês. (O Moralista) Entre outros estão: O Fel e o Mel, Heresia poética, Elogio à Loucura de Nietzsche, Licença Poética, Labirinto Emocional, Presunção, O Cadafalso, Dente de Aço, Alma Mediana, e Língua de Fogo. Participou também com muitos contos em antologias. Foi um dos vencedores do concurso Machado de Assis do SESC DF de 2005. Em 2007 foi jurado na categoria contos do concurso Gente de Talento 2007 promovido pela Caixa Econômica Federal, ao lado de Marcelino Freire. Em 2012 criou e editou até 2015, os Jornais: Correio Brasília, Jornal de Vicente Pires, Jornal de Taguatinga e o Jornal do Gama. Evan do Carmo é estudioso da obra de José Saramago, em 2015 publicou o livro Ensaio Sobre a Loucura, *e o livro* Reflexões de Saramago, *momentos antes de sua morte, o livro nos oferece um panorama perfeito na voz do próprio Saramago em forma de ficção ensaísta, sobre a obra do Nobel Português. Em 2016 criou a Editora do Carmo e o projeto* **Dez Poetas e Eu***, onde já publicou 100 poetas, e o livro* Um Brinde à Poesia, *uma obra de coautoria com outros poetas contemporâneos.*

PANACEIA

A cura para os males da humanidade
Dizem que é sorrir; que faz bem ao coração
Há quem diga que andar também faz
Outro canta para espantar a depressão

Se sorrir curasse algum mal
Só os tolos morreriam de aversão
É sabido, por todos que não ri
Que a doença que mata é paixão

Mas os sábios, que nunca viram o mar
Que se escondem com medo da razão
Perceberam que a vida é fugaz
Para quem ama, ou dá lugar à emoção.

Eu, no entanto, só creio em coisa só:
Não ao medo, não aos males,
Que devoram e consomem os perdedores...

Não é sorrindo que se chega a algum canto
É mais fácil vencer a escuridão
Se tivermos uma luz que não se apaga
No meu caso, esta luz é um coração...

Brasília 12/03/207
Evan do Carmo

O MAIOR POETA VIVO

É na prosa que ergo a minha espada
E cabeças não param de rolar
Não preciso dizer com qual intuito,
Eu vivo e luto pra fincar
O meu pé num campo arenoso
Onde os vermes persistem em respirar.

Minha prosa enterra os absurdos
E aos mudos eu grito sem parar
Já nasceu o maior poeta louco
Mesmo rouco, descanso não terá
Despeço-me da Pessoa do passado
Atrasado meu verso enfim chegou.

Acordai, meus incautos desatentos
No momento sou eu quem dá o tom
Aos poetas que vivem distraídos
Relembrando Quintana ou Drummond
Quiçá outros versos me fariam
Nesse dia, em que dormem em pedra mó.

Já desceram ao mais profundo sono
Eu sou dono, sou o rei nesse arrebol
Pois quem vive e respira o fôlego lento
Tem alento para os mansos distrair
Já é tempo de olhar os lírios verdes
De colher as orquídeas do existir.

Eu transcrevo o canto dos poetas
Que perderam a marcha a sucumbir
Sendo eu vivo, com todos os fonemas
Os poemas persistem em me seguir.

Brasília 11/03/2007

SOBRE UM POETA MORTO.

A visão de um poeta que se assusta com visões
Que pensa em outros planetas,
Que descreve assombrações.
Não pode poeta ser, quem concebe ilusões.

O Corvo de Edgar Allan Poe, uma sinistra alusão
Ao sofrimento metódico, que permeia a erudição.
Entretanto, há bons poetas, eu não posso me esquecer
Que apesar das lamúrias ele sabia escrever.

Pessoa até se arriscou, sua obra transcrever;
Eu digo que não faria, coisa com o mesmo fim.
Todavia, digo ao mestre, que respeito a diretriz.
Quem escreveu como ele, por certo não foi feliz.

Outrossim, ainda recordo, das noites de confusão,
Que, mesmo eu, sendo safo, me perdi soltei a mão
Escrevi algumas tolices, fiz uns versos sem padrão.

Recobro sempre o juízo, quando releio meu mestre,
Entre tantos com virtude, sobra apenas uma Pessoa.
Quiçá, este gêmeo fosse.

Evan do Carmo

SÓ OS DEUSES MORREM!

Há quem creia que o homem seja eterno
Assistindo a utopia abissal
Esquecendo a vida no presente
No passado revendo um fruto mal
Deixem o homem viver a vida breve
Não percebem, que o eterno é irreal?

Só os deuses suportam a eternidade
Pois não sabem as custas do viver
Não nasceram do barro, da água leve
São de neve e derretem ao vento e ao sal
Não são gente, com bílis e um coração
São azedos nos tratos com seus filhos
Renegando a vida à tradição
São tiranos, como o próprio ser mortal
Como deuses se prestam a vil vingança
Nem criança escapa à sua mão.

Sendo o homem vulgar na sua estrada
Com apenas um rumo a escolher
Muitas vezes se perde em labirinto
E do canto não sai para viver.

Evan do Carmo
Brasília 11/03/2007

NÃO CANTO MAIS

Vou narrar um breve conto
No recanto do cantar
Quem não cantar, não encanta
Nem consegue respirar.

Eu quero cantar meu canto
Para o mundo escutar
Dizer das mágoas dos cantos
Que não vieram ao cantar.

Respiram vida dos outros
Quem não se arrisca ao cantar
Por isso lá no recôndito
Sempre haverá nota fá

Se não tiver boa voz
Pode arriscar solfejar
As cordas do coração
Todos sabem afinar.

Eu que cantava nos cantos
Nas estradas a caminhar
Hoje não canto meu canto
Nem consigo mais andar

Esqueci as notas simples
Os acordes pra chegar
Em uma canção simplória
Que possa aos surdos alegrar.

Brasília 12/03/2007
Evan do Carmo

O POETA, SÓ VIVE.

O poeta vive assustado,
Tentando encontrar respostas
Para aquilo que não há
Se for noite sente medo
Para o dia quer voar.

Acordado não se sente
Não pressente o mundo mau
Descuidado vive à toa
Discutindo um ideal.

Anti-sente a tempestade
No seu próprio coração
Mas não vê a vida simples
Dos que riem sem razão.

Ser poeta é um martírio
Que causa a desilusão
Ser incrédulo, ser sozinho
Nesse mundo de aflição.

Só entende de saudade
Só conhece o umbral
Enquanto caminha escreve
Quando para se dar mal.

Louco anda zombeteiro
Pelas vias da ilusão
Quer chegar não sabe aonde
Para a estranho dar a mão.

Evan do Carmo Brasília 07/03/2007

ALMA PROFUNDA

Uma poesia profunda,
Oriunda das estranhas da alma.
Que alma, que entranha,
alma não tem entranha,
Nem tão pouco é profunda.

Só os loucos acham-se profundos.
Eu nada sei da alma
Só entendo do sangue e da carne
Que como pra sobreviver.
O que de mais profundo posso escrever,
É sobre a causa comum
Aos homens e animais.
Vida e morte.

Todavia qual a profundidade da morte?
Sete palmos, e da vida setenta anos, não mais.

Evan do Carmo

A SINA DO POETA

Produzir a arte nobre é parir um filho macho,
É forjar do solo o pão, é sugar do vinho um cacho,
Ter prazer em ser poeta, viajar em campo em escuro,
É sondar os sentimentos dos malditos solitários
É reverter dor em sorriso, abraçar quem não merece,
Beijar a face da morte, ser feliz quando se esquece
Cada dia é um martírio, e uma tortura sem fim.

Toda noite os sonhos passam, como passa um furacão,
Deixam um rastro de saudade, uma trilha de ilusão
O dia não tem mistérios, a noite vai revelar
Das sombras o dom eterno, o verso, a febre poética
Inquieta a me condenar.

Não tem dia, não tem hora, para seguir a intuição,
Quando soam os sinos negros, da bendita inspiração
Pára tudo, pára o tempo, pára o sangue a pulsar.
Pára a vida, tudo espera, para o belo eternizar.

Evan do Carmo

ONDE MORA O POEMA.

Poema se faz com sangue
Eu faço com devoção
Com sangue escrevo
Nas linhas
Com tinta no coração.
Poema é alma antiga
Perdida na confusão
Só vem à tona uma vez
Em noite de solidão,
Se es feliz sem caneta
Só te falta a inspiração.
Poema vive nas trevas
Na recôndita aflição,
Sobre a sombra de uma musa
Que abusa da sedução,
Distribuindo a beleza
Que roubou da perfeição,
Como ninfa de Apolo
Como Dante em seu quinhão
Só um poeta maduro
Sentirá a vibração.

Evan do Carmo
Brasília 04/01/2007

A CHUVA

A chuva, um cheiro de vida no ar
Paira sobre mim a calma do campo que invade o meu ser.
Eu quero novamente entrar em seus cabelos molhados, beber o vinho doce dos teus beijos quentes.

Quero sentir outra vez teu perfume que embriaga e faz veraz meu existir...

Não me lembro que vivi em algum tempo ou espaço que não tenha sido na certeza da existência dos teus braços...

Hoje, ao ouvir o vento que traz consigo a chuva lembrou-me teu sorriso, e o teu olhar de anjo bom, que anuncia que é tempo de ser feliz de novo, que vem avisar que não haverá mais punição das alturas, dos deuses da paixão proibida, do tribunal universal. Fomos enfim libertos do tártaro, das trevas que nos privavam do prazer do amor carnal...

Evan do Carmo - 01/03/2007

Patricia Pacheco

Patricia Pacheco, nascida em 04 de abril de 1985 no Rio de Janeiro, local onde vive. É advogada, membro da Comissão da mulher e da Comissão OAB vai à escola. Participou da antologia Novos Poetas e Um brinde à poesia.

AMOR SIMPLESMENTE

Te amo simplesmente
Assim como uma semente
Que um dia foi plantada
E o crescimento constante surpreendeu até a gente
Tanto cresceu
Que se tornou a mais forte nascente
Amor simplesmente
Da forma mais pura
Tanto quanto urgente
A semente cresceu, proliferou
Se transformou
No mais forte amor
Se espalhou em meu ser
Se misturou com você
E juntos assistimos o amor prevalecer
Renascendo todos os dias
Junto a cada amanhecer
Te amo simplesmente
De alma, de corpo ,de mente sentimentos difundidos, entrelaçados
Hoje, somos almas sorridentes
Repletas
Completas
E unidas por um elo
Jamais intermitente
E sempre continuo, latente
Como as águas da cachoeira
Eternamente corrente
Te amo simplesmente

Patricia Pacheco.

APENAS SONHO

Te vejo em meus sonhos
Com um rosto sereno
Colo ameno
Tão distante
Parecendo pequeno
Seus lábios, tão doce
Nunca provei!
Apenas imaginei
Desejando encostar nos meus
Sonhos, Sonhos
Nos trazem expectativas
Amor à vida
Mesmo sendo apenas sonhos
São capazes de alegrar a vida
Estaremos juntos
Em longas jornadas
Poesia nos une
A vida é nossa estrada!

Patricia Pacheco.

AMOR É FORÇA DIVINA

Que no coração brota
e transborda a alma
e pela vida se espalha
como ramos de bertalha
Amor não se economiza
Também não se comercializa
Amor é doação
Apenas existe, como a brisa
Amor é natureza
É fonte de beleza
Amor é vida
É a Fortaleza
Quem sente o Amor
Não discrimina
Abraça, dissemina
O amor não tem bula
Tampouco, Regras de utilização
Mas onde vive o Amor
Não cabe a discriminação
O amor não traz rótulos
Tampouco, disputa por títulos
Amor para ser real
Deve apenas ser sentido!
Quem sente o Amor
Ahhhhhh
Esses da forma que for
São benditos!
E quem sou eu para falar de Amor?
Sou apenas mais um bendito que o sinto!!

Patricia Pacheco.

TE NAMORAR

Te namoro, antes de me namorar!
Mas seus olhos já brilhavam
Aos meus encontrar
Teu coração já me queria
Algo impedia, questão de tempo
O amor não poderia
No silêncio se apagar
E você , sem saber,
já estava destinado
A toda vida me amar
Sorte a minha...
Começou a me namorar!!!
Eu nao era vidente,
Apenas sentia
A nossa felicidade
Um do outro já dependia
Hoje, te namoro há tanto tempo
E quanto mais namoro
Mais quero te namorar!
Mas o resultado
não preciso explicar
Tá mais que provado
Valeu a pena se apaixonar.

Patricia Pacheco.

LÁGRIMAS

Quando as lágrimas
Insistem em surgirem
Em meus olhos
Escorrendo pelo meu rosto
E afogando minha alma
Roubando- me o brilho da alegria
Minha esperança de todo dia
E sugando minha fértil energia
Este é o momento
Que preciso renascer
Resgatar o que sou
Deixar florescer a força
Capaz de me trazer a harmonia
É hora de enxugar as lágrimas
Preparar um belo sorriso
Me olhar no espelho
E notar que sorrir
Mesmo diante de adversidades
É o melhor caminho.
É a forma doce de levar a vida.

Patricia Pacheco.

MÃE MELHOR DO MUNDO

Toda mãe é a melhor do mundo
Detentoras do amor mais profundo
Exclusividade delas...
Este amor é único!
O cheiro é peculiar
A forma de amar..
Toda mãe é a melhor do mundo
Cada uma tem seu jeito singular
Algumas, se tornaram mães
muito jovens
Outras ,se tornaram mães
quando já maduras
E tem aquelas que não geraram em seu ventre
Mas se tornaram mães
Pelo amor que sentem
São todas melhores mães do mundo!

Patricia Pacheco.

O ATO DE AGREDIR

É a ausência de se sentir
Capaz de enfrentar
Determinada situação
O ato de agredir
É o reflexo
Daquele que não sabe agir
Com ponderação
O ato de agredir
Ao inverso que parece
É se esconder de si
E ocultar a razão
O ato de agredir
Pode até ferir
Mas ser um agressor
Já é a própria punição.

Patricia Pacheco.

AMIZADE

Amizade é dom dos que amam
Sorte dos que a possui
É alimento da alma
É carinho que só evolui
Amizade é irmandade
Em qualquer ocasião
Amizade é eternidade
aconchego, União
Quem tem amigo
Nunca está só
Caminha em qualquer direção
Amizade não tem receita ou regra
É natural, singelo e
enobrece o coração
Amizade é ter com quem compartilhar felicidade,
Dividir angústias
Amizade é riqueza
Amizade é arte
É a luz na escuridão
O abraço na solidão
O ombro na fraqueza
É o freio do devaneio
É a voz que surge na surdez
A palavra que traz a sensatez
Amizade é isso, aquilo
Amizade é tudo, talvez!

Patricia Pacheco.

ALEGRIA

Alegria é contagiante e faz bem
Traz saúde para alma
E nos permite ir além
Alegria é alimento diário
E não requer uma razão
Ou um motivo claro
Alegria já é o motivo
Que nos faz sentir raro
Alegria é paz
É muito mais
Alegria é sentimento eficaz
Alegria está em um toque
Numa palavra
Em um existir
Alegria é algo tão tremendo
É tão simples assim
É preciso aceitar
E então se alegrar
Afinal, ser alegre
É o melhor que há
Alegria é magia
É gratidão
É ter amigos,
É saber que é muito importante
Em meio à multidão
Alegria é saber viver
E encarar os percalços
Sem deixar a tristeza nos acometer
Alegria é estilo de vida
Que nos é permitido escolher!!

                              Patricia Pacheco.

FAXINA

Faça uma faxina em você
Revire- se ao avesso
Se achar por merecer
Jogue fora sentimentos inúteis
Que um dia te torturou
E sacuda o necessário
Para descartar quaisquer
resquício de dor
Renova-se
Revigora-se
Não permita que poeiras traiçoeiras
Venham te entristecer
Prefira enxergar como as lavadeiras
Que à sua frente tudo vê
E aproveite e deixe de molho
O que não for possível desfazer
Mas lave também sua alma
Das lembranças que um dia
Te fez sofrer.
E siga leve, translúcido
Para só o que for bom
Se entranhar em você
De forma que nenhuma faxina
Seja capaz de remover

Patricia Pacheco.

DEZ POETAS E EU

Emil de Castro

Emil de Castro nasceu em Mangaratiba, no dia 7 de janeiro de 1941. Advogado, escritor, poeta e historiador. Lecionou vários anos no Colégio Mangaratiba, onde se iniciou na literatura escrevendo no jornal estudantil O Marimbondo. Sua primeira publicação num jornal de grande porte foi no Jornal do Comércio, publicando logo após na revista Leitura. Seu primeiro conto foi publicado na revista Singra. suplemento do jornal Correio da Manhã. Daí em diante passou a publicar em diversos jornais e revistas literários do Rio de Janeiro e de outros estados. Como prefeito de Mangaratiba, deu apoio integral à cultura de modo geral, criando centros culturais, bibliotecas, a Fundação Mário Peixoto. Cadernos de História Municipal. No Rio de Janeiro. Fundou e dirigiu o jornal Poesia etc.

PROCURA

Procura-se um homem
Morto. Morava na praia
Vivia de vento e areia.
Dormia ao sereno. sem frio.
Não sentia dores, não tinha
Crises de consciência.

Um homem sem lanterna
Para andar nas noites
Sem fé ou teogonia.
Vivia no tempo, tristeza não
Vinha calar sua voz de tenor.
Era um pássaro e cantava
Livre. Sem grades nem gaiola.

Procura-se um pássaro
que voou sem destino.
Era um homem e amava
Sua praia e o mar sem porto
Todas as cores da areia
E a mulher bordada na espuma
Das ondas enchacavam sua canção
De puro amor.

Emil de Castro

TERCEIRO MILÊNIO

Rasguei meus versos amigo Bocage.
Mas não acredito na eternidade.
Minhas vísceras deixei
Na mesa da sala de jantar
Como um troféu.

Agora entro na vida como cheguei desamparado
e nu: sou descendente de minhas angústias
e o que faço não me interessa
nem me serve de alguma certeza.
A única certeza é o trem
que flutua em minha direção.
O resto é o cheiro da graxa e do olé
que escorre do meu corpo
e a beleza do soneto aberto sobre a mesa
no fundo do meu peito
a bater sem parar.

Emil de Castro

REVELAÇÃO DO HOMEM

Planta o fio
Colhe a rede.
Funde a faca
Talha a carne.

Planta o trigo
Colhe o joio.
Mede o pano
Serra a tábua.

Planta o rio
Colhe a água.
Prega a sede
Rasga o linho.

Planta a terra
Colhe o ouro.
Ama a deusa
Mata o rei.

Planta o pão
Colhe a fome.
Nega o crime
Paga a pena.

Planta o dia
Colhe a treva.
Nasce santo
Morre herói.

Emil de Castro

ABISMO

Quando a noite mergulhar-me as garras no peito meu
corpo se queimará em cintilações e eu serei eterno no
mundo.

Quando a noite mergulhar sua lâmina no meu corpo
os luares que amei partirão todos os espelhos onde a
minha imagem se debruçou para morrer.

Ah se a noite penetrar-me o corpo de fatalidade
encontrarei meus mapas de ilhas naufragadas e serei
meu próprio capitão nessa batalha urgente.

Mais nada. Sou apenas pedra e cal
moradia de segredos e água sentida na
fonte não bebida.

Emil de Castro

Não SEQUEM O MAR.

Deixe-o assim calado
Murmurando nênias ao pescador .
O mar soluçante poema sempre
eternamente mágico.
Ei-lo solto em puro voo pássaro
verde.
A paz reina sobre seu reino de mistério.
Eternamente marinha suas águas.
Não sequem o mar onde me refaço minha
fonte onírica: braços, pernas, seios
ondulantes.
Ondas ou âncoras minhas raízes ou cabelos azuis
do menino que ficou no porto e nunca mais quis
ver outro país.
Por que o mar e seu retorno – túmulo de deuses há
de morrer enfim se a morte inventa essa mentira, a
vida ?"

Emil de Castro

OS BARCOS.

Tantos e tontos os barcos.
do horizonte além da quina
do verde parecem algodões
soltos no ar.

Partem de rumo exato
de certa chegada a um
porto sem pressa.

Vão lentos soprados
pura paina espuma
sobre o mar.

Emil de Castro

A AVE E A AURORA

A ave pousada no
lago através do
espelho observa a
vida e pressente a
aurora florindo no céu
do grande poeta

Emil de Castro

O TEMPO

O tempo não é nosso.
Nossa é a vontade vivê-lo e de senti-lo
em toda plenitude com o corpo e com
a alma.
O tempo com sua vivência de crises e
guerras.
O tempo com sua certeza de rosas e
espinhos.
O tempo com seu feto calado no
aveludado do seu ventre.
O tempo com seus ponteiros a marcar o
sempre depois dos homens e das coisas.
O tempo não é nosso.
Nossa é a vontade de não sofrê-
lo nas horas de senti-lo.

Emil de Castro

SER POEMA

Ah impossível ser novamente vento
nas ruas. Um sentido de mar no cais
com a ilha na carne.

Ah impossível ser pássaro passeando
plumas na calçada. Um mastigar
verde nas retinas com o mundo na
janela.

Ah impossível ser poema com
tanta gente morrendo.

Emil de Castro

www.ingramcontent.com/pod-product-compliance
Lightning Source LLC
Chambersburg PA
CBHW070335230426
43663CB00011B/2319